× MEU ×
LIVRO
SECRETO

É PROIBIDO ABRIR!

Ciranda Cultural

CB051028

Se você está lendo isto, significa uma destas coisas:

Você não é o dono deste livro, portanto, NÃO LEIA!

Você provavelmente é uma menina! FECHE ESTE LIVRO AGORA!

PERIGO
NÃO ULTRAPASSE

Cuidado! Este sou eu
quando estou bravo!

[foto]

CUIDADO
CAIA FORA

ALGUMAS COISAS SOBRE MIM

Gosto de ser chamado de:

....

Se pudesse, mudaria meu nome para:

....

O que eu mais gosto de assistir é:

....

Uma comida que não suporto é:

....

Minha frase predileta:

....

COISAS IRADAS
QUE CURTO FAZER

1 ....

2 ....

3 ....

4 ....

5 ....

COISAS CHATAS
QUE DETESTO FAZER

1 ....

2 ....

3 ....

4 ....

5 ....

MINHAS
BANDAS
PREDILETAS

1 ....

2 ....

3 ....

4 ....

5 ....

Meus esportes favoritos

1 ....

2 ....

3 ....

4 ....

5 ....

MEU TIME DO CORAÇÃO

Eu torço para

....

Um jogo que eu jamais vou

esquecer foi:

X

....

Meu time

ganhou (   )   perdeu (   )

O meu jogador favorito é

....

uma foto minha com
a camisa do meu time:

[foto]

Por que eu torço para esse time?

....

....

E AÍ, DIÁRIO?

___/___/_____

Hoje...

_____

_____

_____

_____

_____

_____

_____

_____

LUGARES QUE VOU CONHECER UM DIA

1 ....

2 ....

3 ....

4 ....

5 ....

UMA VIAGEM IRADA

A melhor viagem que já fiz até agora foi para

Lá eu fiz várias coisas, como

Foram comigo:

CARROS

Meu carro favorito é

Gosto dele porque

A cor que mais combina com este carro é

MOTOS

Minha moto favorita é

Gosto dela porque

A cor que mais combina com esta moto é

E AÍ, DIÁRIO?

___/___/_____

Hoje...

_____
_____
_____
_____
_____
_____
_____
_____

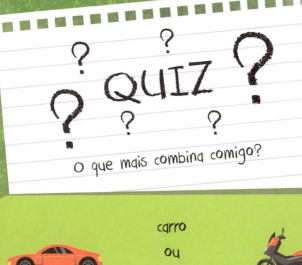

QUIZ

O que mais combina comigo?

carro

ou

moto

viagem

ou

parque de diversões

tênis
ou
sapato

calça
ou
bermuda

livro físico
ou
livro digital

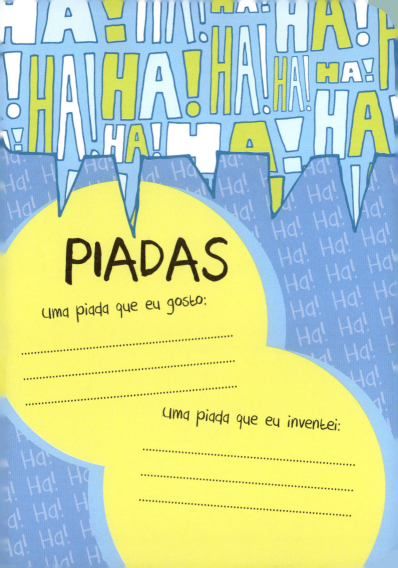

PIADAS

uma piada que eu gosto:

....
....
....

uma piada que eu inventei:

....
....
....

CHARADAS

Uma charada que eu gosto:

....

....

....

Uma charada criada por mim:

....

....

....

E AÍ, DIÁRIO?

___/___/_____

Hoje...

_____
_____
_____
_____
_____
_____
_____
_____
_____

QUE MEDO,
QUE NADA!

Eu sou muito corajoso! Mas existe
algo que mexe comigo...

....

....

....

....

MEUS animais PREDILETOS

1 ....

2 ....

3 ....

4 ....

5 ....

COISAS QUE FAÇO MUITO BEM

Sou muito bom em

....

Algo que me faz sentir orgulho de mim mesmo é

....

Uma coisa que eu gosto, mas não sou tão bom, é

....

O que eu preciso aprender a fazer melhor é

....

AMIGOS

Os meus melhores amigos são:

....

Sei que posso contar com eles porque

....

....

Uma coisa que nunca contei
para eles é que

....

....

MONTANDO MEU TIME

Se eu fosse montar um time de futebol com meus amigos, escolheria:

....

....

....

Por quê?

....

....

....

....

....

JOGANDO PARA ESCANTEIO

Quem eu não colocaria no meu time:
....
....
....

Por quê?
....
....
....
....
....

SE...

Se eu ficasse invisível por um dia,

_____

_____

Se eu pudesse voar, com certeza

_____

_____

_____

_____

_____

Se eu tivesse superpoderes, o meu poder especial seria

_____
_____
_____

Eu o usaria para _____,
e assim eu conseguiria _____
_____

E AÍ, DIÁRIO?

___/___/_____

Hoje...

_____

_____

_____

_____

_____

_____

_____

Pessoas que são um exemplo para mim

1
_____
Motivo: _____
_____
_____

2 _____
Motivo: _____
_____

3 _____
Motivo: _____
_____
_____

4 _____
Motivo: _____
_____
_____

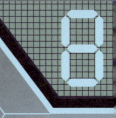

GAMES

8

O que mais curto em jogar videogame

é que _____.

Meu jogo predileto é

_____.

O tipo de jogo que mais gosto é

_____.

Se eu pudesse entrar em um game,

entraria no _____.

1000

COISAS QUE NÃO CURTO
QUANDO ESTOU JOGANDO

Eu detesto quando estou jogando e

_____.

Fico muito bravo se alguém

_____.

Por que sempre que eu estou jogando

_____???

FICA A DICA

Existem algumas pessoas para quem
eu queria dar aquela DICA já faz um tempo.

Nome: _____

Fica a dica: _____

_____

Nome: _____

Fica a dica: _____

_____

Nome: _____

Fica a dica: _____

_____

DICA PARA MIM MESMO

A dica que dou para mim mesmo é

_____

_____

_____

_____

_____

_____

_____

E AÍ, DIÁRIO?

___/___/_____

Hoje...

_____
_____
_____
_____
_____
_____
_____
_____
_____

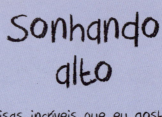

Sonhando alto

Coisas incríveis que eu gostaria de fazer e que ninguém sabe.

1 ....

2 ....

3 ....

4 ....

5 ....

FRASES QUE EU COLOCARIA NA PORTA DO MEU QUARTO

( ) Não perturbe.

( ) Dê meia volta e caia fora.

( ) Você não tem algo mais interessante para fazer?

( ) Bem-vindo ao meu quarto!

( ) Respire fundo e prepare-se!

SE...

Se eu ganhasse na loteria,

_____

_____

_____

_____

_____

_____.

Se eu fosse presidente do país, _____

_____

_____

_____.

Se eu pudesse ser outra pessoa, gostaria de

ser _____ porque ele(a)

é _____, e eu poderia

fazer _____

_____

_____

_____

Uma mensagem
para os adultos

Vantagens de ser um garoto

1 ....
2 ....
3 ....
4 ....
5 ....

O que eu mudaria nos adultos

1 ....
2 ....
3 ....
4 ....
5 ....

E AÍ, DIÁRIO?

___/___/_____

Hoje...

_____
_____
_____
_____
_____
_____
_____

PROFISSÕES
que eu admiro muito

1 ....
2 ....
3 ....
4 ....
5 ....

PROFISSÕES

que deveriam ser inventadas

1 ....

2 ....

3 ....

4 ....

5 ....

MENSAGEM PARA MIM MESMO
